JN039318

倍速 講義

孫子×
ビジネス戦略

監修

守屋 淳

中国古典研究家

日本経済新聞出版

はじめに

　今から約2500年前の中国で書かれた兵法書である『孫子』。大昔の古典であるものの、その影響力はいまだ衰えることなく、現代でも数多くの経営者や勝負師に愛読されています。

　こんなにも長い間読み継がれている理由は、現代のビジネスシーンに応用可能な戦略が書かれている点にあります。ただ、どの『孫子』の解説書も小難しい漢文や解説が数多く登場することから、読者から敬遠されがちな本であることは否めません（内容はとても素晴らしいのに……）。

　そこで本書は、現代ビジネスでも使える『孫子』の教えを瞬時にわかるように、たくさんのイラストと極限までに簡潔な文章でまとめました。

　本書を読んでみて、もっと『孫子』のことを知りたくなったら、私のほかの著書・監修書を手にとっていただけると幸いです。

守屋 淳

本書の見方

見開き完結でわかりやすい

ビジネスに役立つ孫子の教えが瞬時にインプットできる！

タイパ抜群の超速読レイアウト

1 この見開きにおける主題・目指す意図です。

2 この見開きで学べる概要です。

3
4 概要をより深く知るための **3** ステップ
5

6 この章の進捗度合を表示しています。

目で追うだけで理解できるタイパ最強の入門書なのじゃ！

Chapter 1 「孫子の教え」の基礎知識

Chapter 2 心得ておきたい「孫子の教え」

Chapter
3　ライバルを出し抜くための方法論

Chapter
4　リーダーに必要な心構え

Chapter 5　負けないための組織づくり

1

「孫子の教え」の
基礎知識

春秋時代の中国で書かれた『孫子』は、現代に
も応用できる兵法書です。本章では、『孫子』の
基礎的な知識についてご紹介します。

策謀編

「百戦百勝は善の善なる者にあらず」
（百回戦って百回勝ったとしてもそれは最善の策とはいえない）　➡P.12、P.14

始計篇

「一に曰く、道。二に曰く、天。三に曰く、地。四に曰く、将。五に曰く、法」
（戦争における基本要素とは、道、天、地、将、法の5つである）　➡P.16

始計篇

「これを校ぶるに計を以ってし、その情を索む」
（7つの条件で彼我の優劣を判断する）　➡P.18

謀攻篇

「彼を知り、己を知れば、百戦して殆うからず」
（敵を知り、己を知れば、絶対に敗れる気づかいはない）　➡P.20

軍形篇

「勝兵は溢を以って鉄を称るがごとく、
敗兵は鉄を以って溢を称るがごとし」
（味方と敵の戦力が500対1なら必ず勝ち、その逆なら必ず負ける）　➡P.22

謀攻篇

「必ず全きを以って天下に争う」
（相手を無傷のまま味方に引き入れ、天下に覇を唱える）　➡P.24

そもそも『孫子』ってなんのこと?

『孫子』は古代中国の
孫武が書いた兵法書

ステップ 1 ▶ 書かれたのは春秋時代の中国

ここは一旦
退却しよう

今から約2500年前
に書かれた『孫子』
は、戦争の戦略や
戦術を理論化した
兵法書です。

ステップ 2 ▶ 書かれているのは競争の原理原則

行くべき道
はAだ！

A

今は水の確保を
最優先しよう

B

何を優先し、どの方向に進むべきか。競争の原理原則が書かれた『孫子』は、現代でも十分活用できます。

ステップ 3 ▶ 活用するには抽象度を上げる必要がある

戦乱の時代

日常

『孫子』をそのまま
参考にしてみよう

『孫子』を抽象的に
解釈すると、今の仕
事にも使えそうだ！

現代

学校

ビジネス

『孫子』を現代的な言い方に換えて解釈することで、あらゆるシーンで応用が可能になります。

戦わずして勝つのが最善の策

百戦百勝するのが
最善ではない

周囲はライバルだらけ

勝っても勝っても
キリがない……

身も心も
ボロボロだよ

HP ▭▭ HP ▭▭

A国

B国

古代の中国は、たくさんの国が覇権争いをした群雄割拠の時代。勝った国も無傷では済みませんでした。

ステップ 2 ▶ 漁夫の利を狙うものもいる

ふぅ……、ギリギリだけど勝った！

今だったらA国に勝てる！

C国

負けた〜

HP

A国

HP

B国

兵力がすり減ったところへ漁夫の利を狙う国もあり、それも含めて戦略の手立てでした。

ステップ 3 ▶ 重要なのはなるべく消耗戦をやらないこと

敵国

今の私たちなら勝てるかもしれません

消耗戦になるからやめておこう

HP

HP

自国の被害が大きくなる恐れがある相手には、勝てるとしても挑まないというのも立派な戦略です。

M&Aを活かす

ステップ
1
新しい業種に参入する

利益拡大のために
新しい業種にチャレンジしたい！

人材はどうします？

設備はどうしますか？

孫正義

勝算はあるのだろうか……

ビジネスはいわば国盗り合戦。事業拡大するために、新しい業種に参入するという方法があります。

ステップ 2 ▶ 起業して戦うのは効率が悪い

できるだけ短時間で結果を出したいんだが……

人を育てるのは時間がかかりますよ

無謀ではないでしょうか?

新しい設備投資はお金も時間もかかります

新しい業種に参入といっても、起業してゼロからスタートするのは労力がかかりすぎてしまいます。

ステップ 3 ▶ 既存の会社を買収して参入する

戦わずして勝つじゃ!

SoftBank

GungHo

M&A(企業の買収・合併)なら、人材育成も設備投資も省けるぞ!

期待しているよ

頑張ります

M&A

M&Aを多用したのがソフトバンクの孫正義社長。この手法を批判された際、「戦わずして勝つ」と反論しました。

参照●『孫正義インターネット財閥経営』(滝田誠一郎著／実業之日本社)

04

勝負の判断基準は5つある

戦う前に準備して
おくべき
5つの決まりごと

「①組織の理念」

将軍と兵士の
目的を一致して
おくべし！

会社も社是や理念
を全員が共有する
ということですね

戦においても会社においても、全員が同じ方向を向いていることが重要です。

当社の理念
生活者をサポートする

社長　新人

素晴らしい
理念ですね

ステップ2 「②タイミング」と「③インフラ、環境」

時期

地形

暗い路地

駅前広場

戦では時期や地形を見定める必要がある

ビジネスでたとえるならタイミングや環境ですね

物事を行う際には、タイミングのみならずインフラや環境を考慮する必要があります。

ステップ3 「④リーダーの力量」と「⑤マネジメント」

←リーダー

歩兵部隊

騎馬隊

後方支援

救護班

行くぞ！

将軍の手腕に加え、組織力も必要不可欠じゃ

無能なリーダーや組織ではビジネスでも勝てませんよね

指揮をする人に加え、統制のとれた組織であるかどうかも勝敗を分ける大きな要因です。

05

ライバルとの優劣を
比較するポイント

戦うか否かには
7つの
ポイントがある

ステップ **1** 人で優劣を比較する

次の会議の資料は準備できているかね？

いつも部下を気にかけていい上司だなぁ

①上司の優劣

②個々の社員の優劣

遅刻するなといっただろう

暴力はやめて下さい

責任者も社員も優劣は一目瞭然じゃ

人の優劣でライバルを比較する場合は、①将軍（責任者）、②兵卒（社員）の2種類があります。

組織・マネジメント力で比較する

ステップ 2

③自社の理念の浸透具合 ④マネジメントや技術の優秀さ

⑤マネジメントの公平さ ⑥組織のまとまり具合

戦においてもビジネスにおいても、組織のまとまり具合やマネジメント力の高さは大切です。

タイミングで比較する

ステップ 3

⑦新事業や技術導入のタイミング

どんなに人や組織が優れていても、タイミングが悪ければ勝負には勝てません。

06 戦うべきかどうかを見極める

自分とライバルの力関係を知ることが大切

 ステップ 1 希望的観測は行わない

そこまで準備しなくても
A国に勝てるだろう

ちょっと休憩
しよう

希望的観測で戦い
に挑んだらダメだ

力量を見誤れば、それが負ける原因になります。希望的観測は行わず、現実のデータに目を向けましょう。

ステップ 2 ▶ 客観的なデータが大事

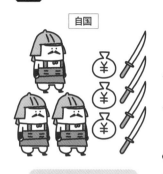

自国　　　　敵国

圧倒的に有利というわけではないから、戦わないほうがいいかもな

自分とライバルの力関係は、客観的なデータが揃ってはじめて比較することができます。

ステップ 3 ▶ 情報を集める者の目利きも大事

なんだ、敵はたったの3人か……

いや、違う！敵は建物のなかにもいるぞ

客観的データは、データを集めてくる者の正確性も鑑みる必要があります。

07

自分が弱ければ傘下に入るのもひとつの方法

圧倒的な
力の差があれば
必ず負ける

ステップ 1 選択肢は逃げるか、戦わないか

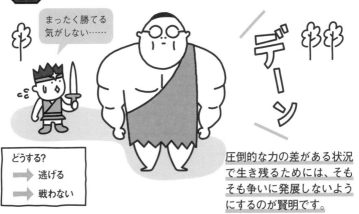

まったく勝てる
気がしない……

デーン

どうする?
→ 逃げる
→ 戦わない

圧倒的な力の差がある状況で生き残るためには、そもそも争いに発展しないようにするのが賢明です。

ステップ 2 ▶ ビジネスで逃げる選択肢は難しい

ウチの隣に大型スーパーが！逃げたいけど、そう簡単に移転なんてできない……

ニューオープン

○○ スーパー

スーパーのほうが安いものね

焼き鳥はスーパーで買おう

ビジネスの場合、戦のように逃げるという選択はなかなかできるものではありません。

ステップ 3 ▶ 戦わないという選択はできる

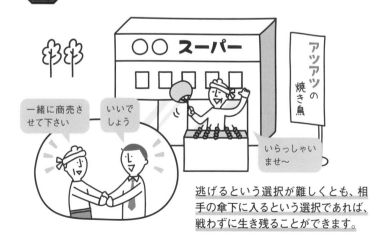

一緒に商売させて下さい

いいでしょう

アツアツの焼き鳥

いらっしゃいませ〜

○○ スーパー

逃げるという選択が難しくとも、相手の傘下に入るという選択であれば、戦わずに生き残ることができます。

08

相手が弱ければ
仲間にしてしまう

味方にすることで
大きくなれる

相手が弱くとも無傷ではいられない

強すぎる……

勝ったけど怪我
しちゃったよ

やっぱり戦は
疲れるな

いくら弱い相手とはい
え、戦ってしまえば少
なからずこちらの力は
消耗してしまいます。

ステップ 2 ▶ 最初から仲間にすれば無傷でいられる

一緒に組んで勢力を拡大しよう

仲間になれば消耗はなくなるぞ

戦わずに済んで助かった！

自国

敵国

敵国を仲間にしてしまえば、味方が増えると同時にライバルが消え、戦って傷を負う危険がなくなります。

ステップ 3 ▶ ビジネスでいえばM&Aのようなもの

強敵が味方になった

手を組んで一緒に事業を拡大しよう

BRAND

ネームバリュー

成長性

顧客数

技術力

A社

B社

M&A（企業の買収・合併）をすれば、ライバル企業との敵対関係を解消し、仲間として協力し合うことができます。

09 戦いは勝ち負けの二元論ではない

勝敗がついて
いなければ
それは不敗

ステップ
1 ▶ 人は勝ち負けで考えがち

Win

私の勝ちだ！

or

負けちゃったよ……

Lose

多くの人は、勝ったか負けたかという二元論で物事を判断してしまいがちです。

ステップ 2 ▶ 勝っても負けてもいない状況がある

劣勢だが、まだ勝敗はついていないぞ！

ほぼ互角ですな

優勢だけど結果はまだ出ていない！

負けてなければ不敗だ！

企業対抗 バレーボール大会

19	20
A 社	B 社

お互いに競り合っている状況では、勝ち負けが刻一刻と変化し、負けてはいない「不敗」の状態となります。

ステップ 3 ▶ 不敗の状況は努力で維持できる

まだまだ〜

すごい執念だ

そうはさせるか！

企業対抗 バレーボール大会

199	200
A 社	B 社

お互いの力が互角であれば、努力次第で不敗を維持できる状況であるといえます。

相手に隙が
できたら
攻撃のチャンス

ステップ 1 ▶ ライバルが態勢を崩すときがある

こんな会社
辞めてやる！

あのときの失敗は
絶対に許さない

B社

不祥事

内紛

A社

ウチの会社は
もうダメかも……

どうやら
ライバルのA社
が不調のようだ

努力によって不敗を維持していれば、相手側が態勢を崩していくことがあります。

ステップ 2 ▶ 勝ちに行くならそこが狙い目

負担が大きくて動けない……

負担

勝機が到来したぞ

ついに勝てるのですね

ライバルがダメージを負っているときこそ、不敗から脱却し、勝利を収めるチャンスです。

ステップ 3 ▶ 圧倒的な力の差があれば不敗は維持不可

ぬーーん

C社

力の差がありすぎるC社にこの手は通用しないな

B社

A社

不敗の状態を保って勝利の機会をうかがえるのは、あくまでも相手との力の差が拮抗している場合です。

勝負を仕掛けるときは短期決戦のみ

短期で勝てないなら
戦わない

ステップ 1 ▶ 一方的に戦いを終わらせるのは難しい

もう戦を終わり
にしないか？

あんたらの
負けだよ

勝ち逃げは
許さない！

決着が着く
まで勝負だ

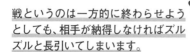

戦というのは一方的に終わらせよう
としても、相手が納得しなければズル
ズルと長引いてしまいます。

ステップ 2 重要なのは短期で終結できること

短期で終わらせられる
のはA国だ

すぐ降参
します

しぶとい
です

めちゃくちゃ
しぶといです

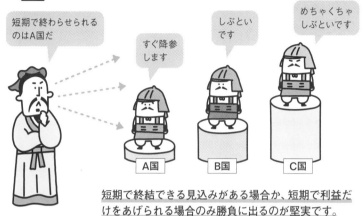

A国　B国　C国

短期で終結できる見込みがある場合か、短期で利益だけをあげられる場合のみ勝負に出るのが堅実です。

ステップ 3 ビジネスの判断も短期がポイント

開発事業部

もう少し続け
れば成功する
はずなんだ

ドーン！

追加資金

すでに大金を注ぎ
込んだ……もう後
戻りはできない

死なばもろとも、
すべてを注ぎ込
んでやる！

社長

ビジネスでも、致命傷を負う前に損切りできなければ、すべてを失うことになります。

戦いの規模は事前に予測できない

戦いは
不確実なもの

ステップ 1 山火事と戦争は似ている

戦争

いつまでこの戦争は続くんだ……

どこまで燃え広がるかわからない……、とりあえず逃げないと！

山火事

どの程度の規模になるかわからない山火事と、一方的には終われず長期戦になり得る戦争は似ています。

ステップ2 **株価や資産も先行き不透明**

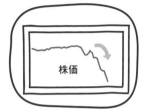

暴落の可能性

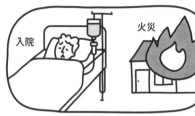

万が一のときの出費

山火事や戦争のように、株価や資産もこの先どう変動するかわからない不確実で不透明なものです。

災難はいつまで続くかわからないものじゃ

ステップ3 **だからこそ短期決戦か不敗の2択**

短期で終結するのがベスト

勝利

長引いたら不敗を貫くのみ！

不敗

短期　長期

戦いもビジネスも、いかに短期終結の条件を揃えられるかが重要。もしダメでも、不敗の状態さえ保てれば負けではありません。

『孫子』は13篇で構成されている

孫武は、自らの軍事理論を13篇からなる書物にまとめました。
各項目には以下のような事柄が記述されています。

戦争の心得や事前準備

- ▶「始計篇」開戦前の心構え、考慮すべきことについて
- ▶「作戦篇」戦闘準備計画について
- ▶「謀攻篇」戦わずして勝利を収める方法

理想的な勝利のための態勢づくり

- ▶「軍形篇」攻撃と守備のために必要な態勢について
- ▶「兵勢篇」軍の勢いについて
- ▶「虚実篇」戦いで主導権を握る方法

戦闘中での指揮の取り方

- ▶「軍争篇」敵軍の機先を制する方法
- ▶「九変篇」戦局の変化に臨機応変に対応する方法
- ▶「行軍篇」進軍するうえで気をつけるべきこと
- ▶「地形篇」地形を活かした戦術について
- ▶「九地篇」9種類の地形と、それぞれとるべき戦術

具体的な戦術の実践法

- ▶「火攻篇」火攻めの戦術について
- ▶「用間篇」スパイを使った戦術について

Chapter

2

心得ておきたい
「孫子の教え」

不滅の名著と評される『孫子』。その中心となる教えを、現代のビジネスシーンに置き換えながらご紹介します。

虚実篇

「これを作して動静の理を知る」

（誘いをかけて、敵の出方を観察する）

➡P.38

地形篇

「天を知りて地を知れば、勝、乃ち窮らず」

（天の時と地の利を得て戦う者は、常に不敗である）

➡P.40

軍争篇

「郷導を用いざる者は、地の利を得ること能わず」

（道案内を用いなければ、地の利を得ることはできない）

➡P.42

虚実篇

「およそ先に戦地に処りて敵を待つ者は佚し、
後れて戦地に処りて戦いに趨く者は労す」

（敵より先に戦場におもむいて相手を迎え撃てば、余裕を持って戦うことができる。
敵より遅れて戦場に到着すれば、苦しい戦いを強いられる）

➡P.44

軍争篇

「近きを以って遠きを待ち、佚を以って労を待ち、飽を以って餓を待つ」

（有利な場所に布陣して遠来の敵を待ち、十分な休養をとって敵の疲れを待ち、
腹いっぱい食べて敵の飢えを待つ）

➡P.46

兵勢篇

「兵の加うる所、碬を以って卵に投ずるがごとくなるは、虚実これなり」

（充実した戦力で敵の手薄をつくからこそ、石で卵を砕くように敵を撃破できる）

➡P.48

01 揺さぶりをかけて 相手の弱点を探り出す

敵の出方を観察して
攻めどころを見つける

ステップ 1 相手が動くよう誘い出す

揺さぶりを
かけてみるか

B社さんはウチの
会社に追いつけま
せんよね

B社

A社

絶対に追い
越してやる！

あえて揺さぶりをかけて、相
手が何らかのアクションを起
こすように仕向けます。

ステップ 2 ▶ 相手の動きを観察する

B社の動きが
慌ただしく
なってきたな

A社

A社が怪しんでいる!
すぐに新商品を完成
させるぞ

B社

相手の出方を観察し、何
に重きを置いているか、
どのくらい準備が整って
いるのかを探ります。

ステップ 3 ▶ 態勢を崩す弱点を見つける

B社の新商品の
サンプル持って
きました

サンプル

開発

部長、B社は新
商品の開発に今
1番力を入れてい
るようです

よし……、進めてきたプ
ロジェクト発表してB社
の出鼻をくじくぞ!

相手が重要視し、行動のもとに
なっているものがわかれば、あと
はそこを攻めるのみです。

ライバルの弱点探しは視野を広げる

土地の特性を知れば
敵の本拠地でも戦える

敵地で戦う場合、地の利は敵にあり

敵の本拠で戦う際、地の利は相手
の側にあるのが当然。つまり不利な
状況からのスタートになります。

佐藤製菓本社

ここは敵の地元だ
けに、さすがに手
強そうだ……

山田製菓○○支社

ステップ 2 ▶ その土地のことを詳しく知る

地元の住民たちから
生の意見を聞く

子育て世代のママさんや10〜20代女子が多い土地柄のようだな

地域を回って
その土地の特性を掴む

事情通からライバルの
情報を得る

不利な戦いをひっくり返すには情報収集が大切。広い視野でその土地に関するリサーチを行いましょう。

ステップ 3 ▶ 土地を知れば勝機が見えてくる

佐藤製菓は若い女性向けのスイーツには力を入れてないみたいです

なるほど、ならば我々はそこにチャンスを見い出そう

佐藤製菓の状況がよくないときを狙えば勝率アップじゃな

土地を知れば敵の弱点が見えてくるもの。敵勢力の弱まるときを万全の状態で待ち、一気に攻めるのです。

信頼できる人から情報を得ることが重要

精通しているか否かが
大きな差を生む

ステップ 1 やみくもに戦っても負けてしまう

開けた川沿いの平野が
進軍しやすいという話
だったのに……

こんなに足下
がぬかるんで
いるとは聞い
てないよ！

情報の不足した不案
内な土地で安易に事
を進めるのは無謀。は
じめから負けにいく
ようなものです。

ステップ 2 ▶ **重要となるのが案内人の起用**

山間の道のほうが歩きやすく、伏兵も配置されにくいかと……

うむ、遠回りになるがそれが最善だな

その土地に精通した人から話を聞いて、何が有利で何が不利かを十分把握してから事を進めましょう。

ステップ 3 ▶ **信頼できる情報の取得はビジネスにも活きる**

なるほど。リサーチは大事だな

この地域の特殊性はご理解いただけましたか？

適切な情報の取得が勝利への近道ってね

ビジネスの世界でも、信頼できる人物から事前に情報を得ることは地の利を得ることにつながります。

04 ライバルよりも先に 陣取ることが大切

先に仕掛ければ
相手の
動きを封じられる

ステップ 1 いいポジションは早い者勝ち

まずいな、丘の上を先に
陣取られてしまった……

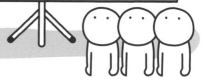

こちらの行動は
相手から丸見え
ですね

勝敗を左右する要所を先に敵に押さえ
られるのは避けたいところです。

ステップ 2 ▶ ビジネスにおいても先行者は有利

もう契約しているんで無理です

そこをなんとか

A地域はライバルにほぼ押さえられているみたいです

う〜ん、販路拡大はかなり難しそうだな

新たな市場をつくったり市場にいち早く参入したりして、優位を確保し、先行者利益を得るのはビジネスの基本です。

ステップ 3 ▶ 陽動目的の相手の罠には要注意

ライバルはA地域からD地域へと販路を拡大している模様！

小さいD地域に手間取っている間にC地域をとってしまおう

ちょっと待て！

実はライバルの本命はE地域で、あえてこちらの目をC地域に向けさせているのかも

本来の狙いとは別の場所に力を入れているフリをして相手を足止めし、先手をとる戦略もあります。

05

余裕がなければ
ライバルには勝てない

環境や肉体を
味方につける

 遠征では兵士が疲弊していた

ステップ
1

ちょっと休憩し
ましょう……

目的地までまだまだ
ある。先を急ぐぞ！

GOAL

もう無理です。疲
れて動けません！

遠征は軍を疲弊させます。移動距
離が延びれば脱落者も増え、到着
するころにはヘロヘロの状態に。

ステップ 2 ▶ 疫弊しないほうが圧倒的有利になる

よく休みよく食べて、準備万端！

敵軍が疲れている今がチャンス！ 進軍して迎え撃つぞ

やっと着いた。もう動けないよ……

自軍は準備万端の状態を保ち、逆に相手を遠征で疫弊させた状態にすることで有利な戦況をつくれます。

ステップ 3 ▶ 環境や肉体は力の源泉になり得る

地の利を押さえて相手を待ち構え、さらに肉体のコンディションを充実させていると有利に戦えます。

見晴らしのよい場所を陣取ったぞ

ビジネスでも同じことがいえるぞ

規模の大きさこそが戦力となる

物量は管理能力の
有無で活きる

▶ **中小企業は大企業には勝てない**

あれだけ頑張ったのに……

仕方ないよ。大手には勝てない……

人材　資本力　生産力　信用力

君らでは相手にならないよ

物量の差は勝敗の要。戦のみならず、ビジネスでも正面から戦えば中小企業は大企業に勝てません。

ステップ 2 ▶ 統制がとれてなければ力は発揮できない

物量に勝る相手には何をやっても勝てないんでしょうか？

そうでもない。統制が乱れれば数の優位はないも同然だからのお

整った管理・マネジメントのもと、全体の統制がとれていてはじめて数がものをいうのです。

ステップ 3 ▶ 大企業であっても部署によっては手薄

大軍にも必ず弱点はある。そこを的確につくのだ

競合の大手は企画力が弱い。我が社は得意なここで勝負しよう

確かに企画力は手薄かもな

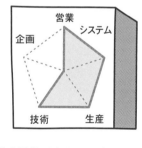

軍も企業も規模が大きいほど偏りが出るもの。配分が手薄なところを見つけ、そこで勝負を挑みましょう。

07 いつでも準備は万全に行っておく

備えあれば憂いなし

ステップ 1 戦乱の世ではいつ敵が来るかわからない

敵が攻めてきたら撃退すればいいんでしょ。なんとかなるよ

いつでも敵に対応できるように備えていくべきだ

戦乱の世では少しの対応の遅れが命取りに。あらゆる可能性を考え、しっかり備えるべきです。

どんな攻撃にも耐える防御態勢を整える

いつどんな敵にも対応できる守備態勢をとっておくこと。柔軟かつ堅固な備えで戦いに臨みましょう。

勝機が見えるまで守れるかも重要

大勢を決するまではしっかり守って損耗を避けましょう。勝機が見えたらすかさず攻めに転じるのです。

08

戦い方は状況によって変わる

柔軟性を持て

ステップ 1 この世は常に変化する

永遠なものなどなく万物は必ず変化する

春夏秋冬

月の満ち欠け

四季や月の満ち欠けなど、この世のすべてのものは常に変化して一定なものはありません。

ステップ 2 ▶ ビジネスも絶えず変化している

前回と同じ方法じゃダメですか?

ダメ! 今回も同じ状況とは限らないでしょ

安易に前例を踏襲するのは何も考えてないのと一緒じゃ

ビジネスの世界も日々変化しています。前にうまくいったから今回も同じでは、失敗が目に見えています。

ステップ 3 ▶ 敵や状況に適応したほうが勝つ

水は柔軟に形を変えて流れるもの。軍もこれを手本にするべきじゃ

敵にしろ周囲の状況にしろ、その都度違いますもんね

地形に合わせて形を変える水のように自分が置かれている状況を常に把握し、適応することが大事です。

▶▶ ビジネス実例

村井勝の『孫子』活用法

状況によって
柔軟に対応する

ステップ1 一般的な企業は年間や中期の経営計画を立てる

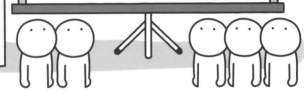

うちの会社は基本的に年間
計画で動いていますね

我が社は3年ごとの
計画を立てています

なるほど。でも私ども
の会社は違います

	1年目	2年目	3年目

多くの会社は年間計画や3〜5年の中
期計画を立てるもの。しかし変化の著
しい業界でそれは通じません。

村井勝

元・日本 IBM 通
信事業統括本部
長、初代コンパッ
ク社長

ステップ 2 コンピューター業界は変化が激しい

10年前と
ほぼ変化なし!

10年ってそんな
に変化があるも
のかなあ?

コンピューター業界は10年
も経てば別ものです。
たとえばスマホとかね……

変化の激しいIT業界で
は、新しい技術が日進月
歩で進歩します。

ステップ 3 年間計画を1カ月ごとに変えて対応

年間計画を立ててまだ
1カ月目ですよ

市場が変化すれば需要
も変化します。計画も
柔軟に変えましょう

世の中の変化を見逃さず、水の
ように計画を変える柔軟性が
なければ時流から取り残され
てしまいます。

参照● 『社長が読み解く「ビジネスの鉄則」 ここにあり』 『プレジデント 1997年1月号』

10

戦いに負けたら それでおしまい

戦争はやり直せないが
ビジネスはそれが可能

ステップ 1 ▶ 戦において負けは死を意味する

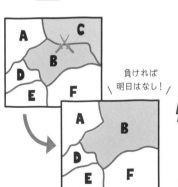

負ければ
明日はなし！

命だけは助けて
くれ！

負けたら死ぬのが
乱世の定めだ

国は滅亡すればそれまでです。戦の最中に
死んだ人も生き返ることはありません。

ステップ 2 ▶ ビジネスは再チャレンジ可能な場合が多い

このたびはご迷惑をおかけしました

反省すべきところはして次で取り返そう

やり直しができるのはビジネスのいいところじゃ

戦と違い、ビジネスでは再チャレンジを許される場合が多いもの。失敗を成長の糧にできるのです。

ステップ 3 ▶ やり直せる度合いを見極める

でも今は就活で失敗したり、企業選びを誤ったりすると悲惨ですよ

やり直しがきかない社会なら、不敗を目指す私の教えが活かせるかも！

やり直せる度合いは年々変化。雇用が不安定で失敗できない近年こそ、『孫子』の教えが役立ちます。

Column 2

『孫子』を書いた孫武の生涯

『孫子』の著者である孫武の生涯は解明されていない部分が多く、
特に彼の死についてはさまざまな説が唱えられています。

孫武の推定される生涯

春秋時代（年代不明）	斉にて孫武誕生
年代不明	呉の穹窿山に移り住む
	兵法13篇の原型となる原稿を執筆
前512年	呉王闔閭の前で後宮の美女たちを指揮し、将軍位を与えられる
前506年	呉が楚に宣戦布告し、孫武は将軍として戦争に参加
	楚の首都・郢城を陥落させる
年代不明	戦争の経験を踏まえて兵法13篇を加筆修正
前496年	孫武は反対したが呉は越に宣戦布告、敗北
	呉王闔閭死去
前494年	次の呉王である夫差が再び越に進軍
	越王勾践を追い詰めて和議を結ぶ
年代不明	孫武とともに戦争に反対した伍子胥、死刑
	孫武も同時期に殺害されたとみられる（諸説あり）

さまざまな説が唱えられる孫武の死

・伍子胥とともに死刑で没した

・逃亡生活ののち、夫差に見つかり殺害された

・穹窿山を通って斉へ逃げ、その後楽安で没した

・穹窿山を通って斉へ逃げ、その後斉国の西南地域で没した　など

ライバルを
出し抜くための方法論

戦やビジネスにおいてライバルはつきもの。本章ではライバルを出し抜く秘訣をご紹介し、『孫子』の教えの真髄に迫ります。

Chapter 3 に登場する「孫子の言葉」 / **Part.3**

用間篇

「明君賢将の動きて人に勝ち、成功、衆に出ずる所以のものは、先知なり」

（明君賢将が、戦えば必ず敵を破って華々しい成功を収めるのは、
相手に先んじて敵情を探り出すからだ）

➡P.62

始計篇

「兵は詭道なり」

（戦争は、だまし合いである）

➡P.64

九地篇

「始めは処女の如くにして、敵人、戸を開き、後には脱兎のごとくして、
敵、拒ぐに及ばず」

（最初は処女のように振舞って敵の油断を誘うことだ。
そこを脱兎のごとき勢いで攻め立てれば、敵は防ぎきれない）

➡P.66

行軍篇

「鳥起つは、伏なり」

（鳥が飛び立つのは、伏兵がいる証拠である）

➡P.68

虚実篇

「善く戦う者は、人を致して人に致されず」

（戦上手は相手の作戦行動には乗らずに、
逆に相手をこちらの作戦行動に乗せようとする）

➡P.70

作戦篇

「それ兵を鈍らし鋭を挫き、力を屈し貨をつくさば、則ち諸侯、その弊に
乗じて起こらん。智者ありといえども、その後を善くすること能わず」

（長期戦になれば軍は疲弊し、志気は衰え、戦力は底をつき、財政危機に見舞われれ
ば、その隙に乗じてほかの諸国が攻め込んでこよう。こうなっては、どんな知恵者がいて
も事態を収拾することができない）

➡P.72

虚実篇

「よく敵人をして自ら至らしむるは、これを利すればなり。
よく敵人をして至るを得ざらしむるは、これを害すればなり」

(敵に作戦行動を起こさせるためには、そうすれば有利だと思い込ませなければならない。逆に、作戦行動を思い止まらせるためには、そうすれば不利だと思い込ませることだ)

➡P.74

兵勢篇

「およそ戦いは、正を以って合し、奇を以って勝つ」

(敵と対峙するときは正攻法を採用し、敵を破るときは奇襲作戦を採用する)　➡P.76

兵勢篇

「戦勢は奇正に過ぎざるも、奇正の変は勝げて窮むべからず。
奇正の相生ずること、循環の端なきがごとし。孰かよくこれを窮めんや」

(戦争の形態は「奇」と「正」の2つから成り立っているが、その変化は無限である。「正」は「奇」を生じ、「奇」はまた「正」に転じ、円環さながらに連なって尽きない。したがって、誰もそれを知り尽くすことができないのである)

➡P.78

作戦篇

「智将は務めて敵に食む」

(知謀に優れた将軍は、糧秣を敵地で調達するように努力する)　➡P.80

虚実篇

「兵を形するの極は、無形に至る」

(戦争能勢の真髄は、敵にこちらの動きを察知させない状態(無形)にある)　➡P.82

01 功を奏するのは情報収集力や判断力

情報格差が
力を発揮する

こちらの手の内が知られているか否か

いい情報を得たぞ！
守りの弱い砦がある

よくやった

では、手の内を
知られる前に素
早く仕掛けよう

いくら情報収集力や判断
力があっても、手の内を
知られているかどうかで
戦い方は変わります。

ステップ 2 ▶ 手の内が知られてなければ一気に攻める

一気に攻めるぞ！

敵だと!?

攻めてくるなんて
聞いてないよ

手の内を知られていなければ、事前に掴んだ情報を利用して隙をつくことができ、勝率が格段に上がります。

ステップ 3 ▶ 勝ちたいなら手の内はひたすら隠す

ライバル会社に
渡らないようにし
なよ

これ、社外秘の
資料な

わかりました

社外秘

いくら他社の情報を握っていても、自社の情報が漏れていれば対抗策を講じられてしまうので注意です。

戦いというのは
所詮だまし合い

自分を小さく見せる

大したやつでは
なさそうだな

ふふ、私のことを
見下しているぞ

ふんっ

ど、どうも……

自分を小さく見せることでライバルは
油断し、隙が生まれやすくなります。

ステップ 2 ライバルを誤解させる

敵陣の様子を察するにこのまま山側を守っていれば大丈夫だろう

バカめ、それは誤解だ

自分の意図を悟られないよう間違った情報を掴ませれば、相手は誤解して見当違いな対策を練るように。

 ステップ 3 その間に形勢逆転の準備をする

さあ、敵が誤解している間に準備を進めよう!

相手がこちらの本来の意図に気づいていないときがチャンス。勝つための準備を着々と進めましょう。

油断を誘うことで勝機を見出す

自分にとって
都合のよい
状況をつくる

戦ではだまし合いが当たり前

戦は力と力のぶつかり合いではなく、だまし合いで勝敗を決めることが往々にしてあります。

ステップ 2 ▶ 現代ビジネスでも陽動作戦は使える

私の会社は
生産性が低
くて……

小さな会社は
大変ですな

実は商品をたくさん
つくっているけどね

本来の意図を隠してライバルを欺く陽動作戦
は、現代のビジネスシーンでも有効です。

ステップ 3 ▶ 罠だと見抜く人には使えない

……とかいって、たくさん
商品を準備しているんじゃ
ないの?

怪しいので先手を
打たせてもらいます

ドヒャー

陽動作戦は気づかれてしまったら
終わり。鋭い観察眼で罠だと見抜く
熟練者には効きません。

見抜かれていたか!

ちょっとした異変を
キャッチする

草むらから鳥が飛び立てば怪しむこと

ピー

突然鳥が飛び立つ
とは怪しいな

？

草むらから鳥が飛び立つのは、そこに兵
が潜んでいるからかも。ささいなことも
怪しむことが功を奏します。

ステップ 2 ▶ ビジネスでも怪しい動きはある

> 契約の件、本日にでも締結をお願いします

> 急いでいる感じがして怪しい……何かあったのか?

ビジネスにおいても、ちょっとした異変に気づくことがライバルの手の内を知る手がかりになります。

ステップ 3 ▶ ささいな兆候を読み解く観察眼を持つ

> あの怪しさはこういうことだったのかも

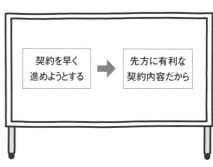

契約を早く進めようとする ➡ 先方に有利な契約内容だから

ちょっとした異変に気づき、そこから隠された意図を読み解く力が重要になってきます。

05 方向転換できる余力を残しておく

再戦できる余力があればやり直しがきく

ステップ1 自社の経営資源が存続する限りは短期

資金は十分ありますし、まだまだ短期戦ですよ

売上高

当社　ライバル社

いつになったらライバル社に勝てるんだ？

事業に取り組む際は短期終結が重要。とはいえ、事業の資源が尽きない限りは、やり直しがきく戦いです。

そもそも新規事業は成功しにくい

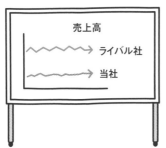

> ダメだ……、事業がうまくいかない

> 資金もありますし、ここはプランを練り直しましょうか

新規事業の場合、最初のプランでは成功しにくく、途中でプランを練り直すことが多くあります。

最終的に成功するには余力を残す

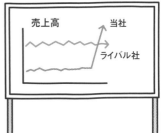

> 残りの資金で方向転換が成功した

> ライバル社に勝ったぞ

最終的な成功へのカギは、最初のプランから方向転換して再戦に挑む資源や余力を残しておくことです。

参照●『イノベーションへの解』（クレイトン・クリステンセン、マイケル・レイナー著、玉田俊平太、桜井裕子訳／翔泳社）

06

先手を勝利に
つなげるために

主導権を握る

ステップ1 ▶ 先手は先行者利益を取れる

この案件、メイン業務を弊社がやりますので、御社はサブの業務をお願いします

偉い人

え〜！

御社はあくまでサブ業務なので利益の配分は1割です

交渉事に限らず、ビジネスやゲームなどの競争において、先手をとったほうが有利に働きます。

相手が待ち構えていたら意味がない

そうくると
思ったぜ

……しかし、メイン業務は
弊社が得意とするところで
すからね

どう考えても御社が
サブ業務でしょう

先手をとったつもりで
も、相手が待ち構えてい
たら巻き返される可能
性もあります。

先手を取って主導権を握る

この案件、得意とするからこそサブに
回ってバックアップしてもらいたい

協力を要請
したのか！？

弊社をよろしく
お願いします

仕方ないな

これは不意を
つかれた

前日の夜

ですよね～

戦いは前日から
はじまっていたのさ

時には相手の不意をつき、何が何でも先手
をとって主導権を握ることが重要です。

07

利益になると思い込ませる

人や組織は
利害関係で
動いている

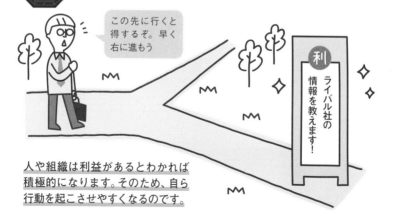

ステップ
1 人や組織は利を使って操れる

この先に行くと
得するぞ。早く
右に進もう

利 ライバル社の
情報を教えます！

人や組織は利益があるとわかれば
積極的になります。そのため、自ら
行動を起こさせやすくなるのです。

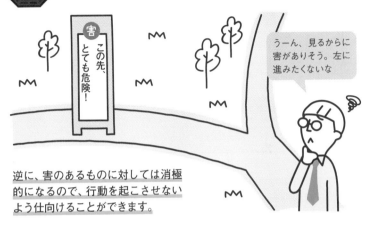

ステップ 2 ▶ 人や組織は害を使って操れる

> 害
> この先、
> とても危険！

> うーん、見るからに
> 害がありそう。左に
> 進みたくないな

逆に、害のあるものに対しては消極的になるので、行動を起こさせないよう仕向けることができます。

ステップ 3 ▶ 利をとる先に罠を仕掛ける

> 利
> ライバル社の
> 情報を教え
> ます！

> 情報を教えるのは
> お前のほうだ

> よし
> もうすぐだ

利をちらつかせて相手を動かし、そこに生まれる隙をつけば自分のペースに持ち込めます。

08

正攻法と奇策を使い分ける

一方に偏った
攻め方では勝てない

正攻法では相手の守りは強固なもの

攻撃する
隙がないな

正面での戦い
なら負ける気
がしないぞ

相手の手の内が見える正攻法では、相手
の守りは固く、隙が生まれる場合はほと
んどありません。

ステップ 2 ▶ 一方、奇策はリスクを伴ってしまう

崖を下って背後から
突撃しよう!

ワー

でも、一歩間
違えたら我々
は全滅だ!

油断した相手を一網打尽
にできる……!

相手が油断していると
ころに攻撃を仕掛ける
奇襲作戦は、大きな成
果を見込めると同時に
リスクを伴います。

ステップ 3 ▶ 両方を使い分けることが大切

まずは正面から
様子を見よう

正

奇

チャンスが来たら
一気に仕掛けるぞ

まずは正攻法でじっくりと相手の様子を
うかがい、隙が見えたら一気に奇襲作戦
に出るのが有効です。

利害について相手に考え込ませる

腹の探り合いで
相手を足止めする

ステップ
1

相手の受け取り方は2種類ある

正 ▶ ・想定内
・予想通りだ

奇 ▶ ・予想していなかった
・油断していた

相手の反応は「正」と「奇」の大きく2つに分けることができます。

ステップ2 ▶ 裏を読むと切りがなくなるもの

相手の裏をかいた作戦を考えようとすると切りがなくなり、堂々巡りになってしまいます。

ステップ3 ▶ 考えているうちは動きを止めることができる

敵の腹の内を考えている間は、行動を起こすことができません。攻撃を仕掛ける絶好のチャンスになります。

リソースを
持ち出さない
やり方もある

ステップ 1　戦いでは食料の補給が大変だった

早く届けない
と……！

不便だな

食料が届くま
で進軍中止！

戦と切っても切り離せないのが
食料問題。食料を持参しながら
の進軍はひと苦労でした。

ステップ 2 ▶ 敵地で食料を得ていたナポレオン

敵地は有効活用してナンボだ

食料を調達してきました！

俺たちの食べ物が……

そんなやり方するなんて……！

ナポレオン

古代中国でも行われていましたが、敵地で食料を調達していたことで有名だったのがナポレオンでした。

ステップ 3 ▶ 他社のリソースを活用する

他社が持っている技術やノウハウを使えばいいんだ！

その通り！

他社のソフトウェアを使う

ノウハウを提供してもらう

すべてのノウハウを自社で生み出すより、既にあるいいものを活用することでライバルに差をつけられます。

11 形にこだわらないのが最強の戦い方

無形なら後出し
じゃんけんでも勝てる

ステップ 1 人や組織は型にとらわれてしまいがち

型は大事だ！

素振り100回！
はじめ！

はい！

孫子は、人や組織は目的そのものを忘れ、型や手順などの手段にとらわれてしまう場合が多いと考えます。

ステップ
2

剣豪・宮本武蔵も無形を説いた

なんで動かないんだ……！

やー！

相手が動いて隙が生まれた一瞬を狙うのだ

宮本武蔵

形にとらわれず、「後出し」とも考えられる戦法を説いたのが宮本武蔵でした。

ステップ
3

隙のない組織はいつでも仕掛けられる

すぐに実行に移れます

もう準備できています

次の我が社の戦略だが……

ライバル社の手の内は研究済みです

まるで宮本武蔵のような組織だ！

相手の様子をじっくり見ることができる無形の組織には、隙が生まれるタイミングがないといえます。

「風林火山」は孫子の言葉

武田信玄が軍の旗印に記していたことでも有名な「風林火山」は、『孫子』のなかで言及された言葉です。孫武は、相手が予想できないような神出鬼没の動きをする集団こそ、もっとも優れた軍隊だと考えました。

その疾きこと風のごとく、その徐かなること林のごとく、
侵掠すること火のごとく、動かざること山のごとし

疾風のように動くかと思えば、林のように静まり返る。
火が燃えるような勢いで攻めるかと思えば、山のように動かない。

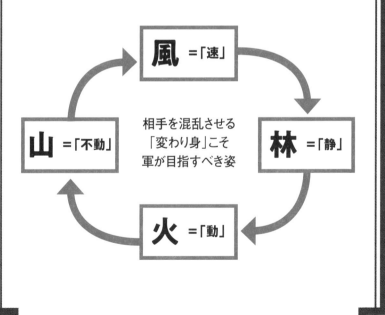

風 =「速」

林 =「静」

火 =「動」

山 =「不動」

相手を混乱させる
「変わり身」こそ
軍が目指すべき姿

リーダーに必要な
心構え

組織のなかで中心的な役割を担うリーダー。組
織をまとめるにあたって必要なことはなんなのか、
上に立つ者の資質とはいかなるものなのか、『孫
子』の教えに学びます。

始計篇

「道とは、民をして上と意を同じくせしむるなり」

（道とは、国民と君主を一心同体にさせるものである）　➡P.88

謀攻篇

「それ将は国の輔なり。輔周なれば、則ち国必ず強く、輔隙あれば、則ち国必ず弱し」

（将軍は君主の補佐役である。補佐役と君主の関係が親密であれば、国は必ず強大となる。逆に、親密さを欠けば国は弱体化する）　➡P.90

地形篇

「卒を視ること嬰児のごとし、故にこれと深谿に赴くべし。卒を視ること愛子のごとし、故にこれと倶に死すべし」

（将帥にとって、兵士は赤ん坊と同じようなものである。そうあってこそ、兵士は深い谷底までも行動を共にするのだ。将帥にとって、兵士は我が子と同じようなものである。そうあってこそ、兵士は喜んで生死を共にしようとする）　➡P.92

行軍篇

「令、素より行わるる者は、衆と相い得るなり」

（ふだんから軍律の徹底につとめてこそ、兵士の信頼を勝ちとることができる）　➡P.94

行軍篇

「卒、いまだ親附せざるに而もこれを罰すれば、則ち服せず、服せざれば則ち用い難きなり」

（兵士が十分なついていないのに罰則ばかり適用したのでは、兵士は心服しない。心服しない者は使いにくい）　➡P.96

地形篇

「天の災いには非ずして、将の過ちなり」

（組織内の問題は不可抗力によるものではなく、
あきらかに将たる者の過失によって生じる）

➡P.98

地形篇

「卒強くして吏弱きを弛と曰う。吏強くして卒弱きを陥と曰う」

（兵士が強くて軍幹部が弱いのを「タガが緩む軍」という。
軍幹部が強くて兵士が弱いのを「志気が落ち込む軍」という）

➡P.98

始計篇

「将とは、智、信、仁、勇、厳なり」

（将軍の条件は、知謀、信義、仁慈、勇気、威厳である）

➡P.100

九変篇

「将に五危あり」

（将帥には、おちいりやすい5つの危険がある）

➡P.102

九変篇

「智者の慮は必ず利害に雑う。利に雑えて、而して務め信ぶべきなり。
害に雑えて、而して患い解くべきなり」

（智者は、必ず利益と損失の両面から物事を考える。すなわち、利益を考えるときには、
損失の面も考慮に入れる。そうすれば物事は順調に発展する。逆に、損失をこうむった
ときには、それによって受ける利益の面も考慮に入れる。そうすれば、無用な心配をしな
いで済む）

➡P.104

九地篇

「軍に将たるのことは静以って幽、正以って治」

（軍を統率するにあたっては、あくまでも冷静かつ厳正な態度で臨まなければならない）

➡P.106

01 組織をひとつにまとめる ことができているか

部下に愛されているか
どうかが重要

ステップ 1 ▶ どんな国や組織でも反体制派がいる

部下が命令に必ず
従うとは限らん

1日に最低でも
10社は営業を
かけること!

面倒くさい
から手を抜
こう

課長のことは
嫌いだから無
視しちゃおう

古代中国での戦いでも、命が
惜しくて命令に従わなかっ
たり、真剣に戦ったりしない
者も出てきました。

A社

ステップ 2 ｜ 敵国においても裏切る国民がいた

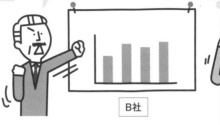

リーダーが嫌われていると裏切りを考える部下も現れるぞ

A社に勝つために頑張るぞ！

B社

むしろA社がうちを買収してくれないかなあ……

「我が国の君主はヒドいから、敵国に支配してもらったほうがいい」と考えて、自国を裏切る人もいます。

ステップ 3 ｜ 支持されていることはとても大切

優秀なリーダーだとライバル社からも支持されるのじゃ

ライバル会社のB社の社長は魅力的だなあ

B社のために働きたいなあ

もうB社に転職しちゃおうよ！

支持される優秀な社長（君主）は、ライバル会社（敵国）からの支援すらも期待できる状況をつくります。

トップとリーダーの関係は良好であること

両者の間に
隙間があると
強くなれない

トップは口を出すべきではない

わしが現場に出ていた
ころのやり方は……

まあまあ

新商品をプッシュするように

はい!

組織のトップは現場に口を出した
がるものですが、現場をよく知る
リーダーに任せることが大事。

ステップ 2 リーダーはトップを無視してもいい場合も

1番売れている
商品だけを置け！

売れていない商品に
だってお客さんはつ
いているんだ

いつも通りの
形で商品を並
べるように

はい！

組織のトップの命令には従うべきですが、あまりにも現
場の状況にそぐわないなら無視することも必要。

ステップ 3 ポイントは全権委任されているかどうか

わしは全権委任
してないぞ！

今日からうちの店は
週休3日制にするよ

リーダーが自由に動けるのは
組織のトップに全権委任され
ているから。されていないなら
ただの反乱です。

慈愛の精神が
なければ
人はついてこない

ステップ
1
部下は消耗品ではない

調子が悪いので
早退させて下さい

薬を飲めば大丈夫だ。
働け！

こんなやり方では
誰もついてこないわ

戦でもビジネスでも、上
の者は下の者をぞんざい
に扱ってはいけません。

ステップ 2 ▶ 親のように愛情を持つからついてくる

困ったことがあれば相談してね

親身な上司だなぁ

まるで親のようだ

普段から部下に対して我が子同然の愛情を持って接することで、部下は上司を信頼するようになります。

ステップ 3 ▶ 優しさと厳しさがポイント

すみません！

意外と厳しいところもあるんだよなあ

ここの間違い、今すぐ直して！

我が子同然といっても甘やかすのではありません。時には我が子と同様に厳しくしつけることも重要です。

部下を褒めるときは
しっかり褒める

部下への
信賞必罰は
明確にする

ステップ 1 優しくなければ心服されない

いつも頑張っているね

ありがとうございます

部下は上司に優しくされると、上司の指示に従って行動しようという気になります。

ステップ 2 優しいだけでは部下は育たない

ただし、上司が優しいだけだと部下の仕事に甘えが生じてしまいます。

ステップ 3 信賞必罰があってこそ組織が機能する

よいときはしっかり評価し、ダメなときは厳しくする。この2つがそろってこそ、いい組織になります。

罰則は十分に
なつかせてから行う

ステップ 1 厳しさを優先させたらNG

新人が遅刻し
たらダメじゃ
ないか！

査定にも響く
からな！

まだ慣れていない部下に
対しての厳しすぎる指導
はよくない

吐責や罰則など、厳しさを前面に出すと
部下の心は離れていきます。

ステップ2 ▶ あの人ならついていけると思わせること

資料としてよく
まとまっているね

ここはもうちょっと
こうしたほうがいいよ

優しく指導することで
部下からの信頼が得
られるのじゃ

愛情と温情を持って指導
すると、部下は上司のこと
を心の底から頼るように
なります。

ステップ3 ▶ パワハラやセクハラも回避できる

君には期待して
いるんだからもっ
と頑張れ！

パワハラ
された！

君には期待して
いるんだからもっ
と頑張れ！

期待に応えたい
から次こそやっ
てやるぞ！

部下から信頼を得ることで、指導
がパワハラやセクハラと誤解さ
れることがなくなります。

部下からの信頼が
あればパワハラと
受けとられんぞ

06

チームが負ける理由は
上層部と現場のバランスの悪さ

負け確実な
6パターンを避ける

ステップ 1　チームを負けに導く問題点①

1.戦う相手と実力差がありすぎる

大手A社に勝て！

そんな無茶な……

2.優秀な部下を上司が使いこなせない

もっと効率的な方法があるのでは？

これが俺のやり方だ！

3.部下が上司についていけない

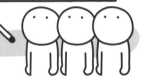

どうした？ほらいくぞ！

部長のペースにはついていけないよ……

上司と部下の間に距離があったり、力のバランスが保てていなかったりしては、チームは負けてしまいます。

ステップ 2 チームを負けに導く問題点②

4.規律が乱れている

チームの規律が乱れ、空気が悪い状態では勝つことはできません。

無断欠勤だぞ！

すいませーん

お前とは一緒に仕事したくないね

こっちのセリフだ

まあまあ落ち着いて……

勝てる手札はもうないぞ……

どうしましょう

5.チームが崩壊している

6.勝てる策がない

ステップ 3 問題が生じるのはバランスの不均衡

上司と部下のバランスがとれればチームはまとまるぞ

貢献できるよう僕たちも頑張ります！

力関係をうまく保ってチームで円滑に仕事を進めるぞ

チームのバランスが不均衡だと負けに直結する問題が起きやすくなります。

07

リーダーに必要な資質とは何か

組織をまとめるには
5つの力が必要

内向きの力と外向きの力

リーダーは5つの力を持たなければならん

先を見通すための智謀が必要だ

実行するための勇気が必要だ

部下からの信義が必要だ

部下から恐れられる威厳が必要だ

部下を思いやる仁慈が必要だ

智謀、勇気、信義、仁慈、威厳の5つの力は、組織をまとめる内向きの力と、ライバルと戦うための外向きの力に分類できます。

ステップ 2

江戸時代の儒者・荻生徂徠の解釈

優しすぎて
厳しくできない

頭がまわるから
こそ考えすぎて
実行できない

勇気がありすぎ
て考えずに実行
しちゃう

威厳がありすぎ
てなかなか優しく
できない

江戸時代の儒者・荻生
徂徠は、ひとりの人間
がリーダーの資質をす
べて持つことの難しさ
を指摘しました。

ステップ 3

足りなければ補い合えばいい

俺は勇気と信義を
持っている

僕は智謀と仁慈を
持っています

コンビを組んで
足りないところを
補うのじゃ

自分が持っていない力を持つ
人と組むことで、足りない部分
をカバーすることができます。

08

視点を変えて物事を見て正確な判断をする

大事なのは
バランスのいい
見方をすること

利を見ることと害を見ること

機材が古くなった
ので新しいものを
買いたいです

費用対効果を
ふまえて検討
してみよう

賢いリーダーは、物事のプラス面
（利＝利益）とマイナス面（害＝損
失）の両方をよく見ています。

ステップ 2　大切なのはバランスのよさ

今話題の IT 企業の
CEO の山田さんです

実績をよく見てみない
と本当のところはわか
らないぞ

きっとすごい人
なんだろうなあ

世間のイメージに左右
されず、客観的な視点
で物事をとらえます。

ステップ 3　正確な判断ができるか

ここまで下がった
なら買いどきかも
しれないな

評判がいいと思って
買った株が大暴落し
てしまった……

物事のプラス面とマイナス面の両方をバ
ランスよく見たうえで、客観的かつ冷静
に判断を下します。

09 ロバート・アラン・フェルドマンの『孫子』活用法

5つの力のバランスが悪いと勝てない

ステップ 1 ▶ 将軍の条件をバランスよく持つべし

どれかひとつだけが突出しているのは返ってよくない

私は智謀だけはすごいんだぞ

私は仁慈がありすぎるといわれます

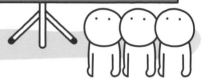
俺は勇気だけは褒められるんだ

僕は信義だけには自信があります

威厳といえば俺だろ

リーダーに必要な5つの要素（100〜101ページ参照）をバランスよく持つことがよいリーダーの条件です。

ステップ 2 ▶ ひとつでもゼロならすべてゼロ

5つの要素は
足し算ではなく
かけ算なんです

$$ 智 \times 信 \times 仁 \times 勇 \times 厳 $$

智	信	仁	勇	厳
0	30	10	20	40

$$ = 0 $$

経済アナリストのロバート・
アラン・フェルドマンは、5
つの要素はかけ算だと語っ
ています。

ひとつでもゼロが
あったら全部ゼロに
なるんですね

ステップ 3 ▶ 自分の欠点を埋める努力が必要

君の発想力は
素晴らしいよ

君は優柔不断で
決断力がないね

そうか、僕は決断力に
課題があるんだな

成果をあげるために5つの要
素のバランスが重要です。自分
の足りない部分がどこなのか
を知りましょう。

参照● 『最高の戦略教科書 孫子』（守屋淳著／日本経済新聞出版）

一歩引いた目線で物事を見る

リーダーの務めは
部下の方向性を
導くこと

リーダーは冷静でなければならない

国や兵士の命運を分ける重要な役割を担う将軍は、常に冷静でなければなりません。

……

将軍様は何を
考えているか
わからない

あえていう
ならムッツ
リだね

違う、あの方は
冷静なんだよ

ステップ 2 ▶ 部下に行動させられるかが重要

狙いもわからないまま指示通りここまで来ちゃった

どの道もう逃げ場はない

こうなったらやるしかないいくぞー！

思惑通り底力を発揮してくれそうじゃ

兵士を極限状態に追い込んで「やるしかない」と思わせます。
しかし、現代ビジネスでのそのままの応用はNGです。

ステップ 3 ▶ 一歩引いたスタンスこそがリーダーの証

眠い……

バリバリ働くぞ

お腹空いた～

士気が下がっているから、そろそろ休憩させるか

疲れたな……

的確に戦況を読み、戦を有利に進めるためには、部下の状況を一歩引いたスタンスで把握することが大切です。

死をも恐れぬ兵士の
育成がリーダーの役目

歴史書『史記』には、『孫子』の著者である孫武が将軍位を与えられたときのエピソードが記されています。

　　兵法に精通していた孫武は、呉王・闔閭の目に留まり、自身の説く兵法が実践できるものなのかを闔閭の後宮の美女たちを訓練して証明することに。まず孫武は2つの隊をつくり、それぞれの隊長に寵姫2人を任命しました。しかし、美女たちは一向に真面目に取り組もうとしませんでした。すると孫武は、「号令通りに動かないのは隊長の責任だ」と、寵姫2人を殺してしまいます。ふざけていた美女たちは恐れおののき、それ以降は忠実に孫武の命令に従うようになりました。これを見た闔閭は孫武の比類なき実力を認め、孫武を将軍に任命したのです。

九地篇

「三軍の衆をあつめてこれを険に投ずるは、
これ軍に将たるの事と謂うなり」
（全軍を絶体絶命の窮地に追い込んで死戦させる。これが将師の任務である）

5

負けないための
組織づくり

組織力は勝敗に大きく関わってくる要素。ちょっとやそっとでは負けない組織の在り方についてご紹介します。

虚実篇

「我は専にして一となり、敵は分かれて十となれば、これ十を以ってその一を攻むるなり」

(こちらが仮にひとつに集中し、敵が十に分散したとする。それなら、十の力で一の力を相手にすることになる)　　　➡P.112、114

九地篇

「それ呉人と越人と相悪むも、その舟を同じくして済り風に当たりては、その相救うや左右の手のごとし」

(呉と越とはもともと仇敵同士であるが、たまたま両国の人間が同じ舟に乗り合わせ、暴風にあって舟が危ないとなれば、左右の手のように一致協力して助け合うはずだ)　　　➡P.116、118

兵勢篇

「激水のはやくして石を漂わすに至るは、勢なり」

(せきとめられた水が激しい流れとなって岩を押し流すのは、流れに勢いがあるからである)　　　➡P.120

軍争篇

「朝の気は鋭、昼の気は惰、暮の気は帰」

（人の気力は、朝は旺盛であるが、昼になるとだれ、夕方には休息を求めるものだ）

➡P.122

九地篇

「これを亡地に投じて然る後に存し、これを死地に陥れて然る後に生く。
それ衆は害に陥れて、然る後によく勝敗をなす」

（絶体絶命の窮地に追い込み、死地に突入してこそ、はじめて活路が開ける。兵士というのは、危険な状態に置かれてこそ、はじめて死力を尽くして戦うものだ）

➡P.124

有利な戦い方で
ライバルを圧倒する

ステップ
1 予想だにしない攻撃は力を分散させる

敵がどこから攻めてくるか
わからない場合、守りを分
散させるしかありません。

ふふ、敵の不意
をついたぞ

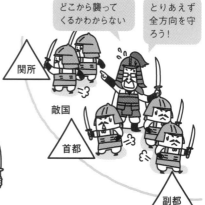

どこから襲って
くるかわからない

とりあえず
全方向を守ろう！

関所

敵国

首都

副都

ステップ2 ▶ 力を集中させたほうが有利に働く

ここからは全員で攻めるぞ！

一気に攻め込んできた〜

攻められたほうは兵士を分散して配置していたため、戦況が不利になってしまいました。

分散したのが仇となったか……

ステップ3 ▶ ビジネスでも選択と集中が重要

同じ領域で戦うなら、ビジネスにおいても、経営資源や人的資源などの力を集中させているほうが分散させるよりも有利です。

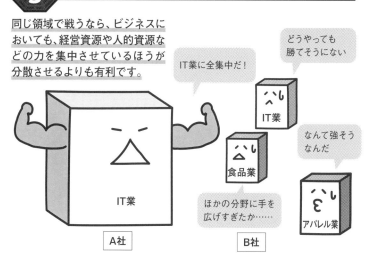

どうやっても勝てそうにない

IT業に全集中だ！

なんて強そうなんだ

ほかの分野に手を広げすぎたか……

IT業

A社

IT業

食品業

アパレル業

B社

選択と集中の極意

ステップ1　ラガービールではキリンが圧倒的

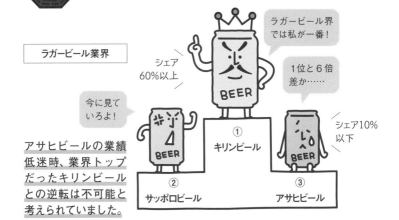

ラガービール業界

ラガービール界では私が一番!

シェア60%以上

1位と6倍差か……

今に見ていろよ!

シェア10%以下

① キリンビール

② サッポロビール

③ アサヒビール

アサヒビールの業績低迷時、業界トップだったキリンビールとの逆転は不可能と考えられていました。

ステップ 2 　勝てないなら違う土俵で一番を目指す

他社のビール技術者

現実的にラガービールで
戦うのが妥当だ

アサヒビール・中條高徳

ラガービールとは違
う分野でキリンビー
ルと勝負しよう!

アサヒビールの中條高徳（なかじょうたかのり）は生ビールに目をつけ、違う土
俵で勝負することを決意します。

ステップ 3 　生ビールに選択と集中をして逆転

集中ポイント

・原材料にお金を惜しまない
・古くなったビールはおいしく
　ないから全回収
・リストラ&資産売却で体制
　を整える

ラガービールから生ビールに路線を変
更し、資本を集中した結果、アサヒビー
ルはビール業界トップになりました。

トップになり
ました

アサヒスーパードライに
1点集中だ

Asahi
スーパードライ

参照●『孫子とビジネス戦略』（守屋淳著／東洋経済新報社）

危機感を共有した組織は強い

敵対していても災難に遭えば結束する

呉越同舟の由来は『孫子』

このままだと波にのまれて終わりだ

呉

越

こんなときは敵も味方も関係ない！ 協力して生き延びるぞ

敵同士でも窮地に陥れば協力し合うことをたとえた「呉越同舟」は『孫子』で最初に用いられた言葉です。

ステップ2 ▶ チームワークは大きな力となる

> 協力して乗り越えましょう

> おー！

> 今期の売上が過去最低のようです

呉越同舟の通り、ビジネスでも窮地のなか会社全体が強い危機感を持つと、組織の結束力は強まります。

ステップ3 ▶ 戦上手とは率然のようなもの

> ワシも営業するぞ！

> 納期を早めます！

> 優秀な人材を集めてきます

> できる作業をサポートします！

> 協力してお互いをサポートし合って危機を乗り越えるのだ

| 社長 | 技術者 | 営業 | 新入社員 |

率然とは、頭を打てば尾が、胴を打てば頭と尾が反撃する蛇のこと。
つまり、連携のとれたチームプレーが大事です。

危機感で
勢いをつくる

ステップ1 社員のやる気がない大企業の立て直し

とにかく借金返済！
もし破ったら私が会
社を辞めます

宣言

1、人員の補充をストップ
　して3年の間に18%の
　人員削減をする
2、諸経費の増加は3年
　間認めない

でも借金が減れば
その分が我々の利
益になるのか

結果的に給料が
上がるなら希望
が持てるかも……

数々の企業を再建した井原氏。彼は、会社の莫大な借金を返済するための
宣言をすると、見事に3年で完済を達成しました。

ステップ 2 ▶ 一人ひとりにいかに危機感を持たせるか

借金の次はやる気問題。規模の大きい大企業だからこそ、
人任せにしがちで社員の責任感はゼロでした。

ステップ 3 ▶ 分社化して人任せができないようにした

会社を分けることで危機感と隣り合わせの立場に社員を
追い込み、必死に働くよう仕向けました。

参照● 『孫子とビジネス戦略』（守屋淳著／東洋経済新報社）

勢いのある組織は強い

「気」が
集まったものが
「勢い」になる

ステップ 1 『孫子』が考えていた集団のエネルギー

集団の力を存分に
発揮するには「勢い」
が大事なのじゃ

いくぞー！

『孫子』は勢いのある集団こそ大きなエ
ネルギーを持つと考え、いかに勢いを
強めるかを重要視しました。

ステップ 2 ▶ 勢いがあるときがもっとも有効

勢いがあるとき、集団のエネルギーは満タンの状態です。このまま集中して決戦するのが有効的な策でしょう。

この勢いのまま敵を一網打尽にするのだ

おー！

ステップ 3 ▶ 勢いは個々の集合体

昨日フラれちゃって…

上司に叱られた……

個人の気力が組織全体のエネルギーにつながるのだ

営業でトップを目指すぞ

活躍してチームの役に立ちたい！

勢いは個々の気力が集まったもの。よい気力を養い、組織として強力な勢いをつくることが大切です。

06

勢いは長続きしない

勢いが落ちるのは
敵も同じ

勢いというのは波がある

勢

今日こそ
勝つぞー！

ちょっと疲れて
きたかも……

なんだか調子が
出ないよ……

衰

人は1日のバイオリズムのごとく、組織の勢いには波があります。強力な勢いもそう長続きしないものです。

ステップ 2 ▶ 敵も勢いの波を持っている

お互い勢いがある状態だと攻め込んでも意味はなし

こちらが勢いに乗っていても、敵も同じように勢いづいた状態であれば、確実な勝ちは望めません。

ステップ 3 ▶ 勢いの波の差を利用すれば敵に勝てる

こちらの勢いが高まり、敵の勢いが衰えているときがチャンス。差のある状態なら有利に戦えます。

あわわ、今調子悪いのに……

勢いの波を考慮し、敵の勢いが弱まるときを狙うべし

勢いに乗るには
勝ちグセをつけること

勝ちグセをつければ
勢いは大きくなる

力の源になるのは危機的状況

もうこれで逃げられないぞ……

\おー！/

負ければ死ぬぞ！
火事場の馬鹿力を
見せろ！

窮地に追い込まれた兵士たちは、死を
間近に感じたことで底力を発揮。これ
により勢いが生まれます。

ステップ 2 ▶ ビジネスにおいても危機的状況は有効

売り上げ最下位の君たちは、今期結果を残さないとクビだ……

おー！

絶対に結果を残してやるー！

社員も「会社をクビになるかも……」といった絶体絶命の状況に追い込まれると、死力を尽くして戦います。

もうあとはないぞ。死ぬ気で頑張るんだ！

ステップ 3 ▶ 勢いだけでなく勝ちグセも重要

たまたま競合他社に勝てた！ 案外できるチームなのかも!?

また勝てたぞ！ この調子ならいける！

営業でトップになった俺たちは最強のチームだ！

このプラスのフィードバックが自信となり、チームの勢いとなるのじゃ

意図せず勢いに乗った場合、その勢いが絶えぬようプラス思考を繰り返して勝ちをクセづけることが重要です。

成功者は『孫子』を愛読している

『孫子』に記された理論や理念は、いつの時代にも当てはまる普遍性を
持っており、歴史に名を残した多くの成功者にも影響を与えました。『孫
子』を愛読していたとされる成功者たちを一部紹介します。

●**ホー・チ・ミン（ベトナム革命の指導者）**

●**毛沢東（中国共産党の創始者）**

　『孫子』を自らの著書の下敷きにし、軍事理論を実践に役立てました。

●**ノーマン・シュワルツコフ（湾岸戦争時の多国籍軍指導者）**

　湾岸戦争で彼は新しいことは何もせず、『孫子』の軍事理論に科学技術を用
　いて実践することを一貫しました。

●**ビル・ゲイツ（マイクロソフト社共同創始者）**

　「兵は詭道なり」をはじめとして、自著のなかで何度も孫子の言葉を引用してい
　ます。

●**長嶋茂雄（元読売巨人軍監督）**

　巨人軍の連覇をかけた重要な試合直前、選手やスタッフを集めて孫子の言
　葉を引用し、チームを鼓舞しました。

●**大前研一（経営コンサルタント）**

　『孫子』の理論を積極的にビジネスに取り入れた戦略を展開しています。

▶▶ 参考文献

「孫子」のことをもっと詳しく知りたい人は、是非ともお読みください！

『最高の戦略教科書 孫子』(守屋 淳　著／日本経済新聞出版)

『図解 最高の戦略教科書　孫子』(守屋 淳　著／日本経済新聞出版)

『孫子とビジネス戦略』(守屋 淳　著／東洋経済新報社)

『中国古典 名著の読みどころ、使いどころ 人生とビジネスに効く原理原則』
(守屋 淳　著／PHP研究所)

『クイズで学ぶ孫子』(守屋 淳、田中靖浩　著／日本経済新聞出版)

『勝負師の条件 同じ条件の中で、なぜあの人は卓越できるのか』
(守屋 淳　著／日経BP 日本経済新聞出版)

『孫子・戦略・クラウゼヴィッツ』(守屋 淳　著／日経BP 日本経済新聞出版)

『マンガ 最高の戦略教科書 孫子』(守屋 淳　著／日経ビジネス人文庫)

BOOK STAFF

編集	細谷健次朗(株式会社G.B.)
編集協力	三ツ森陽和、吉川はるか
執筆協力	龍田 昇、野村郁朋
イラスト	熊アート
デザイン	森田千秋(Q.design)

監修　守屋　淳（もりや・あつし）

作家・中国古典研究家。1965年東京都生まれ。早稲田大学第一文学部卒。
大手書店勤務を経て、現在は中国古典、主に「孫子」「論語」『老子』『荘
子」などの知恵を現代にどのように活かすかをテーマとした執筆や企業での研修・
講演を行う。主な著書に『勝負師の条件 同じ条件の中で、なぜあの人は卓越
できるのか』『現代語訳 論語と算盤』『孫子・戦略・クラウゼヴィッツ』『最高
の戦略教科書 孫子』『図解 最高の戦略教科書 孫子』など多数。

▶▶ **倍速講義**
孫子×ビジネス戦略

2024年1月5日　1版1刷
監修　守屋　淳
©Atsushi Moriya,TAO, 2024

発行者　　國分正哉
発　行　　株式会社　日経BP
　　　　　日本経済新聞出版
発　売　　株式会社日経BPマーケティング
　　　　　〒105-8308
　　　　　東京都港区虎ノ門 4-3-12
　　　　　https://bookplus.nikkei.com
印刷・製本　シナノ印刷

ISBN 978-4-296-11920-2